Prüfungen mit Felix 1

C. C. Buchner Oldenbourg

Prüfungen mit Felix 1

Herausgegeben von
Clement Utz (Regensburg) un
Andrea Kammerer (Schwabach).

Prüfungen mit Felix 1 wurde erarbeitet von
Reinhard Heydenreich (Forchheim).

Über weiteres fakultatives Begleitmaterial zu **Latein mit Felix** informiert Sie
C.C. Buchners Verlag · Postfach 1269 · D 96003 Bamberg.

1. Aufl. 1 7 6 5 4 3 2 2010 09 08 07 06 05
Die letzte Zahl bedeutet das Jahr dieses Drucks.

Alle Drucke dieser Auflage sind, weil untereinander unverändert,
nebeneinander benutzbar.

www.ccbuchner.de
www.oldenbourg-bsv.de

Lektorat: Bernd Weber
Layout und Satz: i.motion, Bamberg
Druck: creo Druck & Medienservice GmbH, Bamberg

C.C. Buchner ISBN 3 7661 **5071** 5
Oldenbourg ISBN 3 486 **19791** 6

Repetitio est mater studiorum.
Wiederholung ist die Mutter aller Studien.

Denn: Übung macht den Meister.
Usus est magister optimus.

Und da noch kein Meister vom Himmel gefallen ist ...

empfiehlt dir FELIX eine möglichst sorgfältige Vorbereitung auf schriftliche Prüfungen. Zur Vorbereitung auf Schulaufgaben/Klassenarbeiten kannst du die 15 Texte des vorliegenden Heftes bearbeiten. Diese Texte umfassen – wie die vierseitigen Wiederholungslektionen, die du aus dem Lehrbuch kennst – den Stoff mehrerer Kapitel; die Lektionen, die vorausgesetzt werden, sind in den Kopfleisten jeweils angegeben.

Damit du deine Sicherheit im Umgang mit Wortschatz und Formenlehre testen kannst, solltest du mit den deutsch-lateinischen Übersetzungen im 1. Teil ab S. 5 beginnen.

Die richtige Lösung findest du im 2. Teil des Heftes ab S. 21 in den lateinisch-deutschen Übersetzungen. Zur Vertiefung empfiehlt es sich, diese lateinischen Texte ein bis zwei Tage später (z.B. auch laut mündlich) wieder ins Deutsche zu übersetzen. Falls du mit diesen lateinisch-deutschen Übersetzungsübungen beginnst, wirst du die deutsch-lateinischen Texte im 1. Teil des Buches zur Kontrolle heranziehen.

Wenn du ganz besonders fleißig sein willst oder falls dein Lehrer gemischte Übersetzungen in den Prüfungen vorzieht, kannst du die gleichen Texte im 3. Teil dieses Heftes ab S. 37 in so genannten gemischten Prüfungsaufgaben als Konzentrationsübung bearbeiten. Du kannst natürlich auch nur diese gemischten Schulaufgaben erledigen, aber dann bitte schriftlich!

Der 4. Teil ab S. 53 bietet zwei Beispiele für differenzierte Prüfungsaufgaben. Dies sind dreigeteilte Aufgaben mit einem lateinisch-deutschen Übersetzungsteil, einem kurzen deutsch-lateinischen Übersetzungsteil und einem dritten Bereich, welcher deine Sprachsicherheit und dein kulturelles Wissen an verschiedenen Übungen überprüft.

Also an die Arbeit! Teste deine Sicherheit!

Inhalt

Text 1  Stoff: L 1-5

Auf dem Forum ist heute nichts los

1 A

Aulus freut sich; denn endlich sind der Freund Decimus und die Freundin Cornelia da.
„Komm her(bei), Freund! Komm her(bei), Freundin! Kommt her(bei)! Beeilt euch! In der Nähe ist das Forum Romanum."
Aber Decimus und Cornelia sitzen da° und schweigen lange. Was sehen sie, was suchen sie? Aulus fragt: „Was gefällt euch[1] nicht? Freut euch und lacht!"

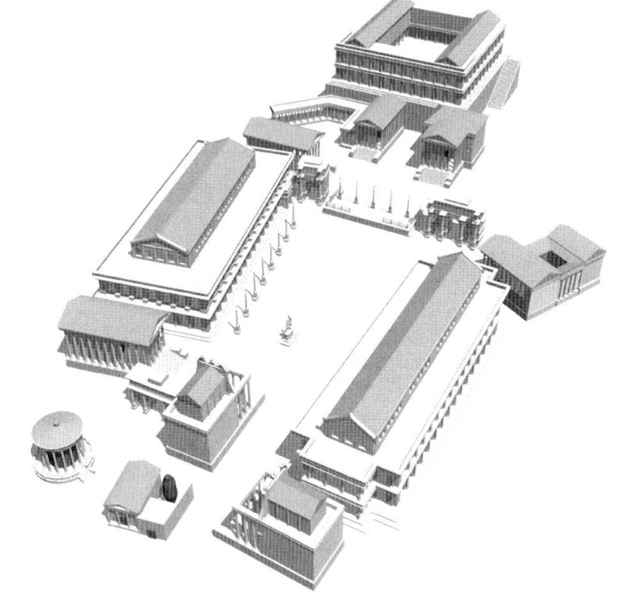

1 B

In der Nähe ist das Forum Romanum. Dort ist auch die Kurie, aber die Senatoren sind noch nicht da. In der Nähe sind auch Markthallen, aber die Händler arbeiten noch nicht. Niemand arbeitet. In der Nähe ist auch ein Wirtshaus, aber das Tor steht nicht offen.

---

[1] vōbis *Dat.* euch

Die lateinische Übersetzung findest du auf Seite 21.

Proteste gegen einen Senator

2 A

Markus eilt zum Marktplatz. Die Freunde sind noch nicht da. Deshalb wartet Markus ein wenig. Aber er erträgt die Menschenmenge und das Geschrei nicht lange. Endlich kommen die Freunde herbei und grüßen den Freund Markus. Nun betrachten sie die Tempel, Statuen und° Markthallen. Hier schreien die Händler: „Kauft Getreide, Herren!" Dort betrachten Damen Schmuckstücke.

2 B

Plötzlich ruft Markus: „Kommt her, Freunde, und betrachtet die Menschenmenge!" Die Leute machen (Das Volk macht) nicht mehr Platz. Die Senatoren suchen die Kurie auf. Die Tore stehen schon offen.
Die Freunde freuen sich; denn ganz° in der Nähe sehen sie die Senatoren. Der Senator Calvisius steht da° und lacht. Er schickt die Sklaven weg. Deshalb gehen die Sklaven weg. Warum schweigt der Senator jetzt? Das Volk lacht den Senator aus und schreit: „Geh weg, Senator!" Der Senator erträgt die Worte nicht mehr. Schließlich betritt er die Kurie.

Die lateinische Übersetzung findest du auf Seite 22.

Text 3  Stoff: L 1-7

„Meine Freundin verlässt mich!"

3 A

Sowohl Damen als auch Herren suchen das Forum auf. Während Händler ihre° Pferde festhalten, tragen Sklaven Getreide. Nun betrachten sie die Gerichtshallen und die Kurie. In der Nähe sind auch Denkmäler und Statuen.

3 B

Aber plötzlich machen die Sklaven Platz; denn ein Händler kommt herbei. Er bringt Geld, Silber und° Gold. Schließlich legt er sogar Schmuckstücke ab und ruft: „Kommt herbei, Freunde. Freut euch, Freundinnen! Betrachtet die Schmuckstücke! Meine° Freundin Fulvia schickt mich[1] weg. Sie liebt mich[1] nicht mehr. Sie verlangt kein (nicht) Gold, sie verlangt kein (nicht) Geld. Sie lacht mich[1] aus."

Aber auch die Damen und Herren ertragen die Worte nicht mehr und lachen den Händler aus.

[1] mē *Akk.* mich

Die lateinische Übersetzung findest du auf Seite 23.

Beobachtungen rund ums Forum

4 A

Hier tragen Pferde Getreide zum Forum, dort tragen Sklaven Säcke[1] vom Forum nach Hause. Auf dem Forum gehen Händler ihren° Geschäften nach. Damen und Herren betrachten die Schmuckstücke in den Läden. Wenn die Herren die Händler nach den Preisen fragen, verhandeln die Händler mit den Herren über die Preise. Schließlich kaufen die Herren Schmuckstücke.

4 B

Während Claudia und Markus die Händler, Sklaven und° Pferde betrachten, kommt plötzlich der Senator Cornelius Rufus herbei. Claudia und Markus grüßen den Senator und machen ihm° Platz, weil der Senator mit Freunden von der Gerichtshalle zur Kurie eilt.
Das Volk aber schreit und verletzt den Senator mit Worten. Deshalb zögert der Senator nicht die Kurie zu betreten. In der Kurie schweigen die Senatoren und warten ein wenig. Denn sie müssen mit dem Senator Cornelius Rufus eine Beratung (ab)halten. Das Volk darf (soll) die Senatoren weder durch Worte noch durch Beleidigungen verletzen.

---

[1] saccus, -ī *m* Sack

Die lateinische Übersetzung findest du auf Seite 24.

Markus und Claudia sind spurlos verschwunden

5 A

Der Herr verlangt von dem Sklaven Xanthippus Hilfe: „Xanthippus, steige zum Forum hinab (herab), bitte! Kaufe Rotbarben[1] und Wein! Markus und Claudia steigen mit dir zum Forum hinab. Sie tragen die Gefäße. Die Sklaven Flavus und Syrus müssen den Gästen Speisen bereiten. Wir erwarten Gäste; wir erfreuen die Gäste mit einer Mahlzeit."
Der Sklave Xanthippus steigt zum Forum hinab. Plötzlich zögert er und wartet ein wenig. Denn er sucht Markus und Claudia. Wo sind sie?

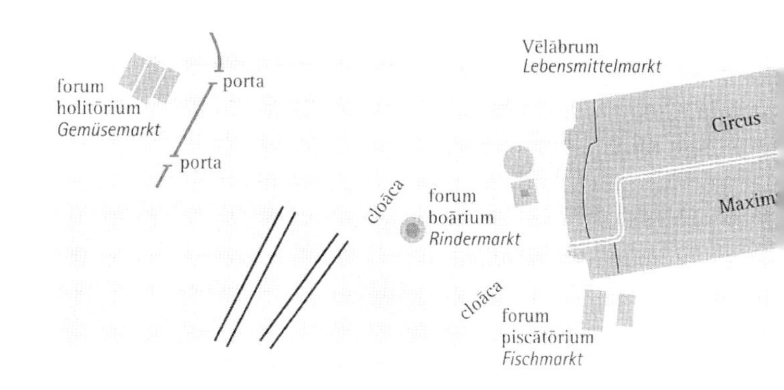

5 B

In der Nähe ist die Markthalle. Im Innern gehen Händler ihren° Geschäften nach. Sofort grüßt Xanthippus den Händler Titus und fragt: „Sei gegrüßt, Titus! Wo sind Markus und Claudia? Ich suche Markus und Claudia." Auch Titus grüßt: „Sei gegrüßt, Xanthippus! Komm her(bei), Freund! Hör auf mich zu beunruhigen! Ich helfe dir nicht. Aber betrachte die Schmuckstücke! Gold! Silber!" Xanthippus erträgt die Worte nicht und geht weg.

---

[1] mullus, -ī *m* Rotbarbe

Die lateinische Übersetzung findest du auf Seite 25.

5 C

Dann eilt er zum Lebensmittelmarkt[2]. Dort verhandeln die Händler mit Herren über die Preise. Die Herren geben den Händlern Geld, die Händler danken den Herren. Aber weder die Herren noch die Händler versprechen (dem) Xanthippus Hilfe.

5 D

Jetzt betritt er ein Wirtshaus und ruft: „Sextus, ich bemühe mich Markus und Claudia zu finden. Wo sind sie? Weißt du es° etwa nicht?" Der Händler Sextus: „Warum zögerst du? Sicherlich suchen Markus und Claudia den Fischmarkt[3] auf."

5 E

Während Xanthippus zum Fischmarkt[3] hinabsteigt (herabsteigt), begegnet er Freunden. Der Freund Veturius befreit Xanthippus endlich von seiner° Furcht. „Markus und Claudia sitzen am Tiber[4]; sie spielen und betrachten das Wasser. Sie ertragen die Sonne nicht mehr. Hörst du etwa nicht ihre° Stimmen?"
Xanthippus freut sich: „Markus, Claudia! Kommt! Wir kaufen Rotbarben[1] und eilen bald nach Hause."

---

[2] Vēlābrum, -ī *m* der Lebensmittelmarkt (in Rom)
[3] forum piscātōrium *n* der Fischmarkt (in Rom)
[4] ad Tiberim am Tiber

Die lateinische Übersetzung findest du auf Seite 26.

Text 6  Stoff: L 1-18

Abwechslung auf dem Land

6 A

Quintus und Cynthia sind Freunde des Senators Titus. Titus besitzt nicht nur einen großen Wohnblock und einige Häuser mitten in der Stadt Rom, sondern auch ein schönes Landgut in den Albanerbergen. Falls die Sonne brennt, falls das Geschrei der Menschenmenge Titus beunruhigt, falls Titus die Rufe der Händler nicht mehr erträgt, verlässt er mit den Kindern die Stadt und sucht das Landgut auf.

Dort kann er sich über die Natur, über das Wasser der Quellen und° über den Schatten der Bäume freuen. Titus wünscht nicht viel (*Pl. n*), er ist oft zufrieden.

6 B

Auf dem Landgut kann er auch viele Gäste durch eine vielfältige Mahlzeit erfreuen. „Falls ihr gut essen wollt, könnt ihr mit mir gut essen, falls ihr euch danach° sehnt, in den Wäldern mit den Kindern zu spielen, könnt ihr mit den Buben und Mädchen in den Wäldern spielen."

Auf dem Landgut des Titus arbeiten auch Sklaven. Die Sklaven müssen viel (*Pl. n*) tun, und trotzdem kritisieren sie den Herrn nicht. Sie pflegen die Pferde und Rinder, bewirtschaften die riesigen Felder und° bringen das Getreide von den Feldern zum Landhaus.

Die lateinische Übersetzung findest du auf Seite 27.

Urlaubsgrüße zweier Mädchen

7 A

Wir sind auf dem schönen Landgut des Großvaters; wir sitzen an einer Quelle und spielen mit dem Wasser. Natürlich arbeiten wir auch mit einigen Freunden und mit den Kindern des Senators Titus in den Ställen[1]. Wir rufen die Pferde herbei und pflegen sie°.
Wir tragen große Gefäße und geben den Pferden Wasser. Die Ochsen freilich fürchten wir. Wir können die Ochsen nicht auf die Felder führen. Oft sehnen wir uns nach° dem Abend (*Akk.*); wir fürchten weder die Finsternis noch die Nacht. Ja wir spielen dann sogar in den Wäldern.

7 B

Wie ihr jetzt wisst, sind wir hier zufrieden ... und ihr? In der Subura müsst ihr nicht nur das Geschrei und den Lärm der Kaufleute ertragen, sondern ihr müsst auch die verschiedenen Geschäfte von Dieben und viele Gefahren fürchten. Warum verlasst ihr nicht die Subura und die Stadt? Kommt zu uns in die Albanerberge, Freunde! Wir erwarten euch. Lebt wohl!

[1] stabulum, -ī *n* Stall

Die lateinische Übersetzung findest du auf Seite 28.

Text 8  Stoff: L 1-21

Meine Kindheit auf dem Bauernhof

Vater Quintus erinnert sich an seine Kindheit.

8 A

„Viele Jahre lang° führte ich ein zufriedenes Leben auf dem Landgut meines Vaters, eures Großvaters. Oft betrachtete ich die schönen Gebäude, die euer Großvater besaß.
Damals arbeiteten auch viele Sklaven auf den riesigen Feldern. Sie fürchteten den Herren, euren Großvater, der oft harte Arbeitsbedingungen anordnete. Mit lauter Stimme rief er: ‚(Die) Sklaven, die meinen Worten und meinen Beschlüssen Widerstand leisten wollen und die immer wieder das Landgut verlassen wollen, will ich verkaufen.'

8 B

Die Aufgaben der Sklaven waren vielfältig. Die einen bereiteten der Familie und den Gästen Mahlzeiten vor, die anderen pflegten die Tiere und führten die Ochsen auf die Felder hinaus. Nicht selten spielte ich mit den Kindern, denen ich auf den Wegen und im Wald begegnete. Vor allem (dem) Decimus, dem Sohn eines tüchtigen Gehilfen, dessen Familie ein armes und sparsames Leben führte, versprach ich oft meine Hilfe, weil er zusammen° mit dem Vater die Lasten der Kriege ertragen musste."

Die lateinische Übersetzung findest du auf Seite 29.

Eine Kleinstadt fürchtet den Angriff der Römer

9 A

Ein Bote kommt herbei und erzählt von der Gefahr: „Habt ihr etwa nicht von den Gefahren und dem großen Unglück gehört? Römische Soldaten führen in unserem schönen Land und unter unserem Himmel einen schändlichen Krieg, sie bedrohen unsere Heimat; sie haben schon viele Städte und viele Dörfer durch Brand vernichtet und zerstört. Traurige Menschen, die aus anderen Städten weggegangen sind, kommen jetzt zu unserer Stadt und suchen in unserer Stadt Rettung. Die Römer haben schon einen geeigneten Ort außerhalb der Stadt aufgesucht. Jetzt warten sie ein wenig, sie erwarten die Dunkelheit; dann wollen sie vorrücken. Verlasst die Stadt, entflieht der Gefahr (*Akk.*) und dem Unglück (*Akk.*)!"

9 B

Einige aber rufen laut: „Wir haben die schlechte Nachricht gehört. Wir haben die Gefahr erkannt. Aber wir haben bis jetzt unsere Stadt immer geschützt und die Soldaten anderer Volksstämme abgehalten. Ihr alle seid tapfere Menschen. Deshalb rettet unsere Stadt, leistet den römischen Soldaten Widerstand, haltet die Römer von unserer Stadt ab!"

Die lateinische Übersetzung findest du auf Seite 30.

Naturschönheit und Naturgewalt

10 A

Wir alle lieben unser schönes Land, das großartige Kampanien[1], die Berge, das Wasser und° den weiten Strand. Aber betrachtet diesen Berg, dessen Wesen bis jetzt niemand verstanden hat. Immer erschreckt er uns. Deshalb wollen wir unsere Stadt und unser Landgut verlassen und in der Stadt Rom ein zufriedenes Leben führen.

(*Sechs Monate später:*) Nun hat einer von meinen Freunden in° einem kurzen Brief (*Abl.*), dessen traurige Worte mich immer° noch bewegen und beunruhigen, von einem schlimmen Unglück berichtet. Ich werde seine Worte immer im Gedächtnis behalten:

10 B

„Du weißt, Freund, dass (!) eine schwarze Wolke[2] uns in Schrecken versetzt (erschreckt) hat. Sicherlich hast du auch gehört, dass (!) Asche und Steine die ganze Stadt bedeckt und zerstört haben. Es ist bekannt, dass (!) eine große Zahl von Menschen diese Gefahr nicht richtig einschätzen konnte. Die einen behaupten, dass (!) Männer, Frauen und° Kinder zur Küste gerannt sind, andere meinen, dass (!) diese unter den Dächern verschiedener Gebäude und in den Tempeln Rettung gesucht haben. Gewiss haben diese alle geglaubt, dass (!) sie auf diese Weise die Gefahr besiegen können. Trotzdem haben sie ihr Leben nicht gerettet. Das Unglück hat das Leben aller ausgelöscht."

---

[1] Campānia, -ae *f* Kampanien (Landschaft in Mittelitalien)
[2] nūbēs, -is *f* Wolke

Die lateinische Übersetzung findest du auf Seite 31.

Die Hilfsbereitschaft eines Naturwissenschaftlers

11 A

Wir wissen, dass (!) Asche und Steine nicht nur großartige Gebäude, Theater und° Thermen, sondern auch einige schöne Städte bedeckt und ausgelöscht haben. Wir haben auch gehört, dass (!) so viele vornehme Männer durch dieses Unglück gestorben sind.

11 B

Plinius, ein gebildeter[1] Mann, erblickte (*Perf.*) in seinem Landhaus diese schwarze Wolke[2] über dem (Berg) Vesuv. Einer aus seiner (dessen) Familie erzählte (*Perf.*) in° einem großartigen Brief (*Abl.*), dass Plinius diese neuartigen Zeichen der Natur, welche das ganze Land verändern, zuerst von einem günstigen Ort aus betrachten wollte (*Perf.*). Dennoch hat dieser tapfere Mann nicht gezögert, sondern er befahl (*Perf.*) sofort einigen Sklaven, ein Schiff startklar zu machen (vorzubereiten) und (dieses) zu den Freunden zu lenken. Er wollte (*Perf.*) nämlich diese unglücklichen Menschen aus der Gefahr retten. Es ist bekannt, dass Plinius der Gefahr (*Akk.*) nicht entkommen ist.

---

[1] doctus, -a, -um gebildet
[2] nūbēs, -is *f* Wolke

Die lateinische Übersetzung findest du auf Seite 32.

Ganz nahe am Geschehen

12 A

Ich schlief. Plötzlich hörte ich (*Perf.*) Geschrei und traurige Rufe. Ich eilte (*Perf.*) aus dem Schlafzimmer[1] zum Atrium[2]. Dort begegneten (*Perf.*) mir Sklavinnen, deren Angst ich spürte (*Perf.*) und sah (*Perf.*). Deshalb fragte ich (*Perf.*) eine von den Sklavinnen: „Was ist? Was fürchtet ihr? Warum schreit ihr? Warum weint ihr?" Diese bat (*Perf.*) mich: „Hilf uns, Herr! Rette uns aus der Gefahr! Der (Berg) Vesuv bedroht uns."

12 B

Ich wusste (*Perf.*), dass (!) die Pompejaner[3] schon lange Zeit diese schwarze Wolke[4], die über dem Berg lag (war), betrachtet und gefürchtet hatten. Auch ich wollte (*Perf.*) sie vom Dach meines Landhauses aus betrachten, aber plötzlich fühlte (*Perf.*) ich, dass (!) das Gebäude schwankt[5]. Ich sah (*Perf.*), dass (!) Asche und Steine schon das Atrium[2] bedecken. Die Nacht war schwarz.

Mit lauter Stimme ermahnte (*Perf.*) ich die Sklavinnen, die Hilfe suchten: „Verlasst das Landhaus, Sklavinnen!" Dann eilte (*Perf.*) ich mit den Sklavinnen zum Tor des Landhauses. Überall[6] lagen große und kleine Steine. Schließlich aber kamen (*Perf.*) wir doch° zum Tor des Landhauses.

---

[1] cubiculum, -ī *n* Schlafzimmer
[2] ātrium, -ī *n* Atrium
[3] Pompēiānī, -ōrum *m* die Pompejaner, die Einwohner von Pompeji
[4] nūbēs, -is *n* Wolke
[5] nūtāre schwanken
[6] ubīque *Adv.* überall

Die lateinische Übersetzung findest du auf Seite 33.

12 C

Wir wussten (*Perf.*), dass (!) es auch auf den Straßen der Stadt neue Gefahren gibt. Viele Menschen, Frauen und alte Männer, Jungen und Mädchen, rannten auf den Straßen hin und her. Hier lag ein alter Mann auf der Straße, dort suchte ein Bub seinen Vater. Dann sah (*Perf.*) ich, dass (!) einige Männer Läden betraten (*Präs.*). Es steht fest, dass (!) sie Diebe waren, die Schmuckstücke rauben wollten (*Imperf.*); die Besitzer (Herren) der Geschäfte waren nämlich schon lange abwesend.

12 D

Ich habe wieder geschrien: „Kommt mit mir, Sklavinnen! Wir versuchen aus der Stadt wegzugehen." Während ich sie durch die Gassen und Wege führte, rannten (*Perf.*) viele Menschen mit uns zu den Toren der Stadt. Denn wir glaubten (*Perf.*), dass (!) wir auf den Feldern den Gefahren entkommen können.

Die lateinische Übersetzung findest du auf Seite 34.

Ein Mädchen beeindruckt den König

13 A

Titus Livius lobt nicht nur die Tapferkeit der jungen Männer, sondern auch die° der jungen Mädchen. Im ersten Teil seiner Geschichtsschreibung[1] erzählt er, dass der überhebliche und grausame König Tarquinius den Angriffen (*Akk.*) der römischen Bevölkerung (des römischen Volkes) entkommen wollte (*Perf.*). Auch Porsenna, der König der Etrusker[2], strengte sich an (*Perf.*) Tarquinius zu helfen. Deshalb zögerte (*Perf.*) er nicht, seine Streitkräfte an die Mauern der Stadt Rom zu führen und die Stadt mit seinen° Soldaten zu bedrohen.

13 B

Die Römer aber versuchten, die Feinde von der Stadt fern zu halten. Immer wieder vergrößerten die tapferen jungen Männer den Ruhm der Stadt Rom durch ihre Tapferkeit. Schließlich sah Porsenna ein (*Perf.*), dass er die Stadt nicht besiegen kann. Deshalb schickte (*Perf.*) er Boten nach Rom. Diese kamen an die Stadtmauern heran (*Perf.*) und sagten (*Perf.*):
„Die Etrusker[2] werden euch Frieden geben, wenn ihr Geiseln[3] geben werdet (*Fut.II*). Wenn ihr nicht eine große Anzahl von° adeligen Mädchen (*Gen.*) schicken werdet (*Fut. II*), werden unsere Soldaten euch durch Hunger[4] besiegen. Ihr werdet die Lasten des Krieges nicht lange ertragen. Denn wir werden die Stadtmauern überwinden (besiegen) und die Stadt zerstören."

---

[1] historia, -ae *f* Geschichtsschreibung
[2] Etruscī, -ōrum *m* die Etrusker
[3] obses, obsides *m* Geisel
[4] famēs, famis *f* Hunger

Die lateinische Übersetzung findest du auf Seite 35.

13 C

Die Römer zögerten (*Perf.*) nicht lange: Sie schickten (*Perf.*) viele adelige Mädchen zu den Streitkräften der Feinde. Unter diesen war Cloelia. Dieses Mädchen übertraf die übrigen Mädchen° an Tapferkeit und durch ihren° edlen (adeligen) Mut. Cloelia merkte (verstand, *Perf.*) sofort, dass die Etrusker[2] sie[5] und die anderen Mädchen an den Ufern des Tiber festhalten. Deshalb führte (*Perf.*) sie einige Mädchen und Freundinnen mitten in der Nacht an den Tiber[6]. Weil die Wächter der Etrusker[2], ihren Plan bald bemerkten (*Perf.*), versuchte (*Perf.*) Cloelia sofort mit einigen Mädchen den Tiber zu durchschwimmen[7].

13 D

Obwohl die Feinde diese Mädchen mit verschiedenen Waffen und Geschossen zu hindern versuchten, kamen (*Perf.*) alle an die Mauern der Stadt heran°. Es steht fest, dass die Römer froh waren. Diese Sache erregte (*Perf.*) den Verstand (die Gesinnung) des Porsenna. Sofort schickte (*Perf.*) er Boten zur Stadt, die den Römern (*Akk.*) befahlen (*Perf.*), Cloelia auszuliefern[8].
Und tatsächlich lieferten (*Perf.*) die Römer dennoch das tüchtige und adelige Mädchen dem Porsenna aus[8], obwohl sie es mit großen Worten gelobt hatten. Der König aber, den die Tapferkeit sowohl der Cloelia als auch des römischen Volkes beeindruckte (bewegte, *Perf.*), beschenkte (*Perf.*) dieses Mädchen mit Schmuck und ließ es wieder° frei (*Perf.*).

---

[5] sē *Akk.* sie
[6] ad Tiberim an den Tiber
[7] trānsnatāre durchschwimmen
[8] dēdere, dēdō, dēdidī ausliefern

Die lateinische Übersetzung findest du auf Seite 36.

Stoff: L 1–5

Auf dem Forum ist heute nichts los

1 A

Aulus gaudet; nam Decimus amicus et Cornelia amica tandem adsunt. „Accede, amice! Accede, amica! Accedite! Properate! Prope forum Romanum est."

Sed Decimus et Cornelia sedent et diu tacent. Quid vident, quid quaerunt? Aulus interrogat: „Quid vobis[1] non placet? Gaudete et ridete!"

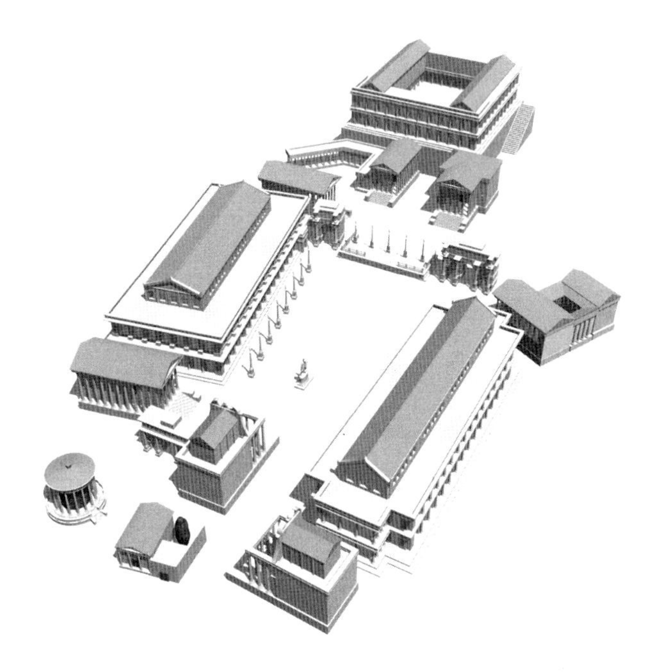

1 B

Prope forum Romanum est. Ibi etiam curia est, sed senatores nondum adsunt. Prope etiam basilicae sunt, sed mercatores nondum laborant. Nemo laborat. Prope etiam taberna est, sed porta non patet.

[1] vōbis *Dat.* euch

Die deutsche Übersetzung findest du auf Seite 5.

Proteste gegen einen Senator

2 A

Marcus forum petit. Amici nondum adsunt. Itaque Marcus paulum exspectat. Sed turbam et clamorem non diu sustinet. Tandem amici accedunt et Marcum amicum salutant. Nunc templa, statuas, basilicas spectant. Hic mercatores clamant: „Emite frumentum, domini!“ Ibi dominae ornamenta spectant.

2 B

Subito Marcus vocat: „Accedite, amici, et turbam spectate!“ Populus locum non iam dat. Senatores curiam petunt. Portae iam patent.
Amici gaudent, nam prope senatores vident. Calvisius senator stat et ridet. Servos dimittit. Itaque servi discedunt. Cur senator nunc tacet? Populus senatorem ridet et clamat: „Discede, senator!“ Senator verba non iam sustinet. Denique curiam intrat.

Die deutsche Übersetzung findest du auf Seite 6.

„Meine Freundin verlässt mich!"

3 A

Et dominae et domini forum petunt. Dum mercatores equos retinent, servi frumentum portant. Nunc basilicas et curiam spectant. Prope etiam monumenta et statuae sunt.

3 B

Sed subito servi locum dant; nam mercator accedit. Pecuniam, argentum, aurum portat. Denique etiam ornamenta deponit et vocat: „Accedite, amici! Gaudete, amicae! Spectate ornamenta! Fulvia amica me[1] dimittit. Me[1] non iam amat. Non aurum petit, non pecuniam petit. Me[1] ridet."
Sed etiam dominae et domini verba non iam sustinent et mercatorem rident.

[1] mē *Akk.* mich

Die deutsche Übersetzung findest du auf Seite 7.

Beobachtungen rund ums Forum

4 A

Hic equi frumentum ad forum portant, ibi servi saccos[1] a foro domum portant. In foro mercatores negotia agunt. Dominae et domini ornamenta in tabernis spectant. Si domini pretia e mercatoribus quaerunt, mercatores cum dominis de pretiis agunt. Denique domini ornamenta emunt.

4 B

Dum Claudia et Marcus mercatores, servos, equos spectant, subito Cornelius Rufus senator accedit. Claudia et Marcus senatorem salutant et locum dant, quia senator cum amicis e basilica ad curiam properat.
Populus autem clamat et senatorem verbis violat. Itaque senator curiam intrare non dubitat. In curia senatores tacent et paulum exspectant. Nam cum Cornelio Rufo senatore consilium habere debent. Populus senatores neque verbis neque iniuriis violare debet.

---

[1] saccus, -ī *m* Sack

Die deutsche Übersetzung findest du auf Seite 8.

Markus und Claudia sind spurlos verschwunden

5 A

Dominus a Xanthippo servo auxilium petit: „Xanthippe, descende ad forum, quaeso! Eme mullos[1] et vinum! Marcus et Claudia tecum ad forum descendunt. Vasa portant. Flavus et Syrus servi hospitibus cibos parare debent. Hospites exspectamus; hospites cena delectamus."
Xanthippus servus ad forum descendit. Subito cessat et paulum exspectat. Nam Marcum et Claudiam quaerit. Ubi sunt?

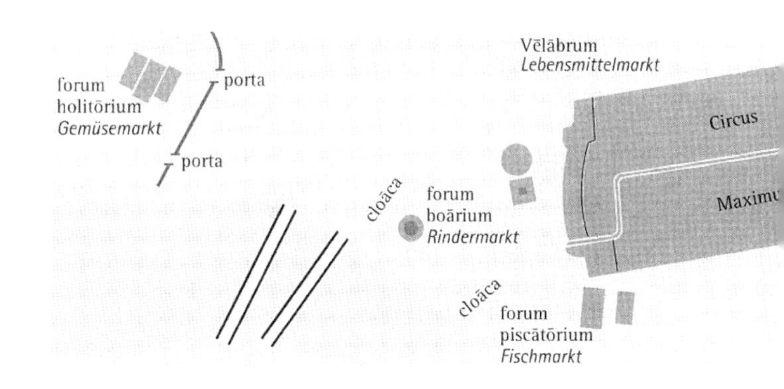

5 B

Prope est basilica. Intus mercatores negotia agunt. Statim Xanthippus Titum mercatorem salutat et interrogat: „Salve, Tite! Ubi sunt Marcus et Claudia? Marcum et Claudiam quaero." Et Titus salutat: „Salve, Xanthippe! Accede, amice! Desine me sollicitare! Ego tibi non adsum. Sed specta ornamenta! Aurum! Argentum!"
Xanthippus verba non sustinet et discedit.

---

[1] mullus, -ī *m* Rotbarbe

Die deutsche Übersetzung findest du auf Seite 9.

5 C

Tum ad Velabrum[2] properat. Ibi mercatores cum dominis de pretiis agunt. Domini mercatoribus pecuniam dant, mercatores dominis gratias agunt. Sed neque domini neque mercatores Xanthippo auxilium promittunt.

5 D

Nunc tabernam intrat et vocat: „Sexte, Marcum et Claudiam invenire studeo. Ubi sunt? Nonne scis?“ Sextus mercator: „Cur dubitas? Certe Marcus et Claudia forum piscatorium[3] petunt.“

5 E

Dum Xanthippus ad forum piscatorium[3] descendit, amicis occurrit. Veturius amicus tandem Xanthippum a timore liberat. „Marcus et Claudia ad Tiberim[4] sedent; ludunt et aquam spectant. Solem non iam sustinent. Nonne voces audis?“

Xanthippus gaudet: „Marce, Claudia! Venite! Mullos[1] emimus et mox domum properamus.“

---

[2] Vēlābrum, -ī *m* der Lebensmittelmarkt (in Rom)

[3] forum piscātōrium *n* der Fischmarkt (in Rom)

[4] ad Tiberim am Tiber

Die deutsche Übersetzung findest du auf Seite 10.

Abwechslung auf dem Land

6 A

Quintus et Cynthia amici Titi senatoris sunt. Titus non modo magnam insulam et nonnulla tecta media in urbe Roma tenet, sed etiam pulchram villam rusticam in montibus Albanis.
Si sol ardet, si clamor turbae Titum sollicitat, si Titus voces mercatorum non iam sustinet, cum liberis urbem relinquit et villam rusticam petit.
Ibi natura, aqua fontium, umbra arborum gaudere potest. Titus non multa cupit, saepe contentus est.

6 B

In villa rustica etiam multos hospites cena varia delectare potest. „Si bene cenare cupitis, mecum bene cenare potestis, si in silvis cum liberis ludere desideratis, cum pueris puellisque in silvis ludere potestis."
In villa rustica Titi etiam servi laborant.
Servi multa facere debent, neque tamen dominum reprehendunt. Equos et boves curant, agros vastos colunt, frumentum ab agris ad villam portant.

Die deutsche Übersetzung findest du auf Seite 11.

Urlaubsgrüße zweier Mädchen

7 A

In pulchra villa rustica avi sumus; ad fontem sedemus et aqua ludimus. Scilicet etiam cum nonnullis amicis et cum liberis Titi senatoris in stabulis[1] laboramus. Equos arcessimus et curamus.

Magna vasa portamus et equis aquam damus. Boves quidem timemus. Boves in agros ducere non possumus. Saepe vesperum desideramus; neque tenebras neque noctem timemus. Immo tum in silvis ludimus.

7 B

Ut nunc scitis, nos hic contentae sumus ... et vos? In Subura non modo clamorem et turbam mercatorum sustinere debetis, sed etiam varia negotia furum et multa pericula timere debetis. Cur Suburam et urbem non relinquitis? Venite ad nos in montes Albanos, amici! Vos exspectamus. Valete!

[1] stabulum, -ī *n* Stall

Die deutsche Übersetzung findest du auf Seite 12.

Meine Kindheit auf dem Bauernhof

Vater Quintus erinnert sich an seine Kindheit.

8 A

„Multos annos vitam contentam in villa rustica patris mei, avi vestri agebam. Saepe aedificia pulchra spectabam, quae avus vester possidebat. Tum etiam multi servi in agris vastis laborabant. Dominum, avum vestrum, qui saepe duras condiciones laboris iubebat, timebant. Magna voce clamabat: 'Ego servos, qui verbis meis et consiliis meis resistere volunt et qui iterum atque iterum villam rusticam relinquere volunt, vendere volo.'

8 B

Munera servorum varia erant. Alii familiae et hospitibus cenas parabant, alii pecora curabant et boves in agros educebant. Haud raro cum pueris (liberis), quibus in viis et in silva occurrebam, ludebam. Imprimis Decimo, filio ministri probi, cuius familia vitam miseram et parcam agebat, saepe auxilium meum promittebam, quia cum patre onera bellorum sustinere debebat."

Die deutsche Übersetzung findest du auf Seite 13.

Eine Kleinstadt fürchtet den Angriff der Römer

9 A

Nuntius accedit et de periculo narrat: „Nonne de periculis et de magna calamitate audivistis? Milites Romani in nostra terra pulchra et sub caelo nostro bellum turpe gerunt, patriam nostram opprimunt; iam multa oppida et multos vicos incendio exstinxerunt et deleverunt. Homines tristes, qui ex aliis oppidis discesserunt, nunc ad oppidum nostrum veniunt et in oppido nostro salutem petunt (quaerunt). Romani iam locum opportunum extra oppidum petiverunt. Nunc paulum exspectant, tenebras exspectant; tum procedere volunt. Relinquite oppidum, effugite periculum et calamitatem!"

9 B

Nonnulli autem clamant: „Nuntium malum audivimus. Periculum cognovimus. Sed adhuc oppidum nostrum semper teximus et milites aliarum nationum prohibuimus. Vos omnes homines fortes estis. Itaque servate oppidum nostrum, resistite militibus Romanis, prohibete Romanos ab oppido nostro!"

Die deutsche Übersetzung findest du auf Seite 14.

Naturschönheit und Naturgewalt

10 A

Nos omnes nostram terram pulchram, Campaniam[1] praeclaram, montes, aquam, litus longum amamus. Sed spectate eum montem, cuius naturam adhuc nemo intellexit. Semper nos terret. Itaque nostrum oppidum et nostram villam rusticam relinquere et in urbe Roma vitam contentam agere volumus.
(*Sechs Monate später:*) Nunc unus ex amicis meis epistula brevi, cuius verba tristia me adhuc movent et sollicitant, de mala calamitate narravit. Eius verba semper memoria tenebo:

10 B

„Scis, amice, nubem[2] atram nos terruisse. Certe etiam audivisti cinerem et saxa omne oppidum texisse et delevisse. Constat magnum numerum hominum id periculum non recte existimare potuisse. Alii contendunt viros, feminas, liberos ad litus cucurrisse, alii existimant eos sub tectis variorum aedificiorum et in templis salutem petivisse. Certe ii omnes putaverunt se eo modo periculum vincere posse. Neque tamen vitam suam servaverunt. Calamitas vitam omnium exstinxit."

---

1 Campānia, -ae *f* Kampanien (Landschaft in Mittelitalien)
2 nūbēs, -is *f* Wolke

Die deutsche Übersetzung findest du auf Seite 15.

Die Hilfsbereitschaft eines Naturwissenschaftlers

11 A

Scimus cinerem et saxa non solum aedificia praeclara, theatra, thermas, sed etiam nonnulla oppida pulchra texisse et exstinxisse. Etiam audivimus tot viros nobiles ea calamitate de vita decessisse.

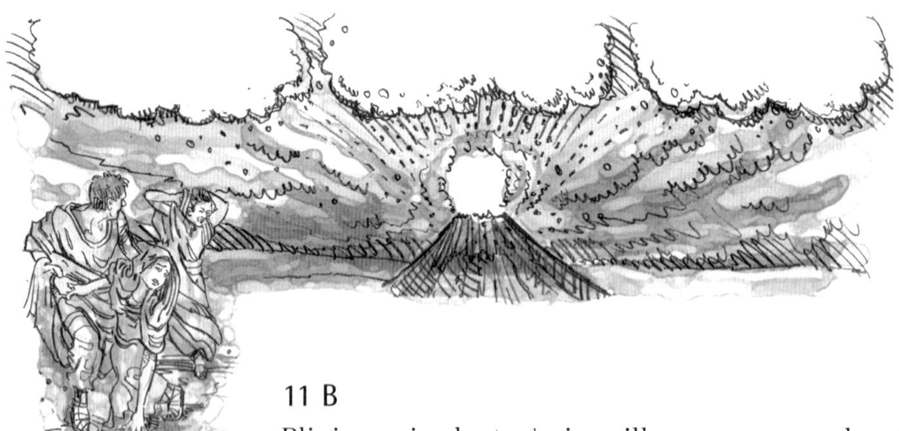

11 B

Plinius, vir doctus[1], in villa sua eam nubem[2] atram super montem Vesuvium aspexit. Unus e familia eius epistula praeclara narravit Plinium ea signa nova naturae, quae omnem terram mutant, primo e loco opportuno spectare voluisse.
Neque tamen is vir fortis dubitavit, sed statim nonnullos servos iussit navem parare et (eam) ad amicos regere. Nam eos homines miseros e periculo servare voluit. Constat Plinium periculum non effugisse.

[1] doctus, -a, -um gebildet
[2] nūbēs, -is *f* Wolke

Die deutsche Übersetzung findest du auf Seite 16.

Ganz nahe am Geschehen

12 A

Quiescebam. Subito clamorem et voces tristes audivi. E cubiculo[1] ad atrium[2] properavi. Ibi servae, quarum timorem sensi et vidi, mihi occurrerunt. Itaque unam e servis interrogavi: „Quid est? Quid timetis? Cur clamatis? Cur fletis?“ Ea me oravit: „Ades nobis, domine! Serva nos e periculo! Vesuvius mons nos opprimit.“

12 B

Scivi Pompeianos[3] iam diu eam nubem[4] atram, quae erat super montem, spectavisse et timuisse. Ego quoque e tecto villae meae eam spectare volui; sed subito aedificium nutare[5] sensi. Cinerem et saxa atrium iam tegere vidi. Nox atra erat.

Magna voce servas, quae auxilium petebant, monui: „Relinquite villam, servae!“ Tum cum servis portam villae petivi. Ubique[6] magna et parva saxa iacebant. Denique autem ad portam villae pervenimus.

---

1 cubiculum, -ī *n* Schlafzimmer
2 ātrium, -ī *n* Atrium
3 Pompēiānī, -ōrum *m* die Pompejaner, die Einwohner von Pompeji
4 nūbēs, -is *n* Wolke
5 nūtāre schwanken
6 ubīque *Adv.* überall

Die deutsche Übersetzung findest du auf Seite 17.

12 C

Etiam in viis oppidi nova pericula esse scivimus. Multi homines, feminae et senes, pueri puellaeque, in viis huc et illuc currebant. Hic senex in via iacebat, ibi puer patrem quaerebat. Tum nonnullos viros tabernas intrare vidi. Constat eos fures fuisse, qui ornamenta rapere cupiebant (volebant); nam domini tabernarum iam diu aberant.

12 D

Iterum clamavi: „Venite mecum, servae! Nos ex oppido discedere temptamus.“ Dum eas per vicos et vias duco, multi homines nobiscum ad portas oppidi cucurrerunt. In agris enim nos pericula effugere posse putavimus.

Die deutsche Übersetzung findest du auf Seite 18.

Ein Mädchen beeindruckt den König

13 A

Titus Livius virtutem non solum iuvenum, sed etiam virginum laudat. In prima parte historiae[1] suae narrat Tarquinium regem superbum et crudelem impetus populi Romani effugere cupivisse. Et Porsenna, rex Etruscorum[2], Tarquinio adesse contendit. Itaque vires suas ad moenia urbis Romae ducere et urbem cum militibus opprimere non dubitavit.

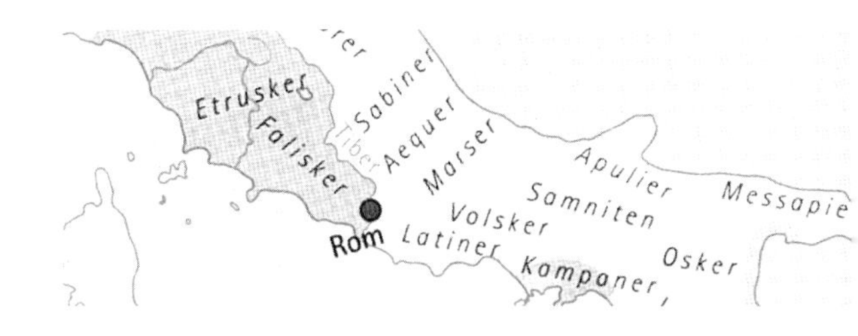

13 B

Romani autem hostes ab urbe prohibere temptabant. Iterum atque iterum iuvenes fortes gloriam urbis Romae virtute sua augebant. Denique Porsenna intellexit se urbem vincere non posse. Itaque nuntios Romam misit. Qui ad moenia accesserunt et dixerunt:

„Etrusci[2] vobis pacem dabunt, si obsides[3] dederitis. Nisi magnum numerum virginum nobilium miseritis, milites nostri vos fame[4] vincent. Non diu onera belli sustinebitis. Nam moenia urbis superabimus et urbem delebimus."

---

[1] historia, -ae *f* Geschichtsschreibung
[2] Etruscī, -ōrum *m* die Etrusker
[3] obses, obsides *m* Geisel
[4] famēs, famis *f* Hunger

Die deutsche Übersetzung findest du auf Seite 19.

13 C

Romani non diu dubitaverunt: Multas virgines nobiles ad vires hostium miserunt. Inter quas (eas) erat Cloelia. Quae virgo ceteras virtute et animo nobili superabat. Cloelia statim intellexit Etruscos[2] se[5] et alias virgines ad ripas Tiberis[6] retinere. Itaque nonnullas virgines et amicas media nocte ad Tiberim[6] duxit. Quia custodes Etruscorum[2] consilium earum mox intellexerunt, Cloelia cum nonnullis virginibus statim Tiberim transnatare[7] temptavit.

13 D

Quamquam hostes eas virgines variis armis telisque prohibere temptabant, omnes ad moenia urbis pervenerunt. Constat Romanos laetos fuisse. Quae (ea) res animum Porsennae sollicitavit. Statim nuntios ad urbem misit, qui Romanos iusserunt Cloeliam dedere[8].
Et profecto Romani virginem probam et nobilem, quamquam eam magnis verbis laudaverant, tamen Porsennae dediderunt[8]. Rex autem, quem virtus et Cloeliae et populi Romani movit, eam virginem ornamento donavit et (eam) liberavit.

---

[5] sē *Akk.* sie
[6] ad Tiberim an den Tiber
[7] trānsnatāre durchschwimmen
[8] dēdere, dēdō, dēdidī ausliefern

Die deutsche Übersetzung findest du auf Seite 20.

Gemischte Übersetzungsübungen

Text 1  Stoff: L 1-5

Auf dem Forum ist heute nichts los

1 A

Aulus freut sich; denn endlich sind der Freund Decimus und die Freundin Cornelia da.
„Komm her(bei), Freund! Komm her(bei), Freundin! Kommt her(bei)! Beeilt euch! In der Nähe ist das Forum Romanum."
Aber Decimus und Cornelia sitzen da° und schweigen lange. Was sehen sie, was suchen sie? Aulus fragt: „Was gefällt euch[1] nicht? Freut euch und lacht!"

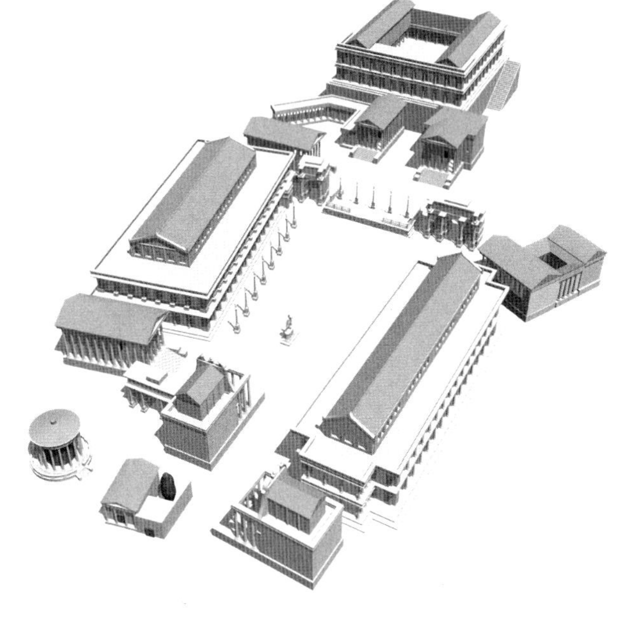

1 B

Prope forum Romanum est. Ibi etiam curia est, sed senatores nondum adsunt. Prope etiam basilicae sunt, sed mercatores nondum laborant. Nemo laborat. Prope etiam taberna est, sed porta non patet.

---

[1] vōbis *Dat.* euch

Die lateinische Übersetzung findest du auf Seite 21, die deutsche auf Seite 5.

Proteste gegen einen Senator

2 A

Markus eilt zum Marktplatz. Die Freunde sind noch nicht da. Deshalb wartet Markus ein wenig. Aber er erträgt die Menschenmenge und das Geschrei nicht lange. Endlich kommen die Freunde herbei und grüßen den Freund Markus. Nun betrachten sie die Tempel, Statuen und° Markthallen. Hier schreien die Händler: „Kauft Getreide, Herren!" Dort betrachten Damen Schmuckstücke.

2 B

Subito Marcus vocat: „Accedite, amici, et turbam spectate!" Populus locum non iam dat. Senatores curiam petunt. Portae iam patent. Amici gaudent, nam prope senatores vident. Calvisius senator stat et ridet. Servos dimittit. Itaque servi discedunt. Cur senator nunc tacet? Populus senatorem ridet et clamat: „Discede, senator!" Senator verba non iam sustinet. Denique curiam intrat.

Die lateinische Übersetzung findest du auf Seite 22, die deutsche auf Seite 6.

„Meine Freundin verlässt mich!"

3 A

Sowohl Damen als auch Herren suchen das Forum auf. Während Händler ihre° Pferde festhalten, tragen Sklaven Getreide. Nun betrachten sie die Gerichtshallen und die Kurie. In der Nähe sind auch Denkmäler und Statuen.

3 B

Sed subito servi locum dant; nam mercator accedit. Pecuniam, argentum, aurum portat. Denique etiam ornamenta deponit et vocat:
„Accedite, amici! Gaudete, amicae!
Spectate ornamenta! Fulvia amica
me[1] dimittit. Me[1] non iam amat.
Non aurum petit, non pecuniam
petit. Me[1] ridet."
Sed etiam dominae et domini verba non iam sustinent et mercatorem rident.

[1] mē *Akk.* mich

Die lateinische Übersetzung findest du auf Seite 23, die deutsche auf Seite 7.

Beobachtungen rund ums Forum

4 A

Hier tragen Pferde Getreide zum Forum, dort tragen Sklaven Säcke[1] vom Forum nach Hause. Auf dem Forum gehen Händler ihren° Geschäften nach. Damen und Herren betrachten die Schmuckstücke in den Läden. Wenn die Herren die Händler nach den Preisen fragen, verhandeln die Händler mit den Herren über die Preise. Schließlich kaufen die Herren Schmuckstücke.

4 B

Dum Claudia et Marcus mercatores, servos, equos spectant, subito Cornelius Rufus senator accedit. Claudia et Marcus senatorem salutant et locum dant, quia senator cum amicis e basilica ad curiam properat.
Populus autem clamat et senatorem verbis violat. Itaque senator curiam intrare non dubitat. In curia senatores tacent et paulum exspectant. Nam cum Cornelio Rufo senatore consilium habere debent. Populus senatores neque verbis neque iniuriis violare debet.

---

[1] saccus, -ī *m* Sack

Die lateinische Übersetzung) findest du auf Seite 24, die deutsche auf Seite 8.

Markus und Claudia sind spurlos verschwunden

5 A

Dominus a Xanthippo servo auxilium petit: „Xanthippe, descende ad forum, quaeso! Eme mullos[1] et vinum! Marcus et Claudia tecum ad forum descendunt. Vasa portant. Flavus et Syrus servi hospitibus cibos parare debent. Hospites exspectamus; hospites cena delectamus.“ Xanthippus servus ad forum descendit. Subito cessat et paulum exspectat. Nam Marcum et Claudiam quaerit. Ubi sunt?

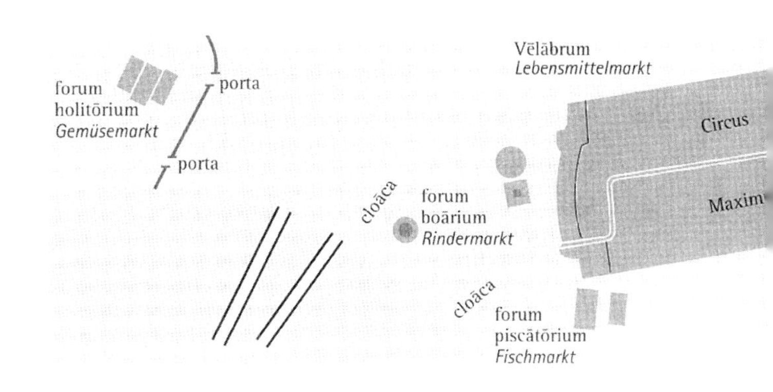

5 B

In der Nähe ist die Markthalle. Im Innern gehen Händler ihren° Geschäften nach. Sofort grüßt Xanthippus den Händler Titus und fragt: „Sei gegrüßt, Titus! Wo sind Markus und Claudia? Ich suche Markus und Claudia.“ Auch Titus grüßt: „Sei gegrüßt, Xanthippus! Komm her(bei), Freund! Hör auf mich zu beunruhigen! Ich helfe dir nicht. Aber betrachte die Schmuckstücke! Gold! Silber!“ Xanthippus erträgt die Worte nicht und geht weg.

---

[1] mullus, -ī *m* Rotbarbe

Die lateinische Übersetzung findest du auf Seite 25, die deutsche auf Seite 9.

5 C

Tum ad Velabrum[2] properat. Ibi mercatores cum dominis de pretiis agunt. Domini mercatoribus pecuniam dant, mercatores dominis gratias agunt. Sed neque domini neque mercatores Xanthippo auxilium promittunt.

5 D

Jetzt betritt er ein Wirtshaus und ruft: „Sextus, ich bemühe mich Markus und Claudia zu finden. Wo sind sie? Weißt du es° etwa nicht?" Der Händler Sextus: „Warum zögerst du? Sicherlich suchen Markus und Claudia den Fischmarkt[3] auf."

5 E

Dum Xanthippus ad forum piscatorium[3] descendit, amicis occurrit. Veturius amicus tandem Xanthippum a timore liberat. „Marcus et Claudia ad Tiberim[4] sedent; ludunt et aquam spectant. Solem non iam sustinent. Nonne voces audis?"
Xanthippus gaudet: „Marce, Claudia! Venite! Mullos[1] emimus et mox domum properamus."

---

[2] Vēlābrum, -ī *m* der Lebensmittelmarkt (in Rom)
[3] forum piscātōrium *n* der Fischmarkt (in Rom)
[4] ad Tiberim am Tiber

Die lateinische Übersetzung findest du auf Seite 26, die deutsche auf Seite 10.

Abwechslung auf dem Land

6 A

Quintus et Cynthia amici Titi senatoris sunt. Titus non modo magnam insulam et nonnulla tecta media in urbe Roma tenet, sed etiam pulchram villam rusticam in montibus Albanis.
Si sol ardet, si clamor turbae Titum sollicitat, si Titus voces mercatorum non iam sustinet, cum liberis urbem relinquit et villam rusticam petit.
Ibi natura, aqua fontium, umbra arborum gaudere potest. Titus non multa cupit, saepe contentus est.

6 B

In villa rustica etiam multos hospites cena varia delectare potest. „Si bene cenare cupitis, mecum bene cenare potestis, si in silvis cum liberis ludere desideratis, cum pueris puellisque in silvis ludere potestis."
Auf dem Landgut des Titus arbeiten auch Sklaven. Die Sklaven müssen viel (*Pl. n*) tun, und trotzdem kritisieren sie den Herrn nicht. Sie pflegen die Pferde und Rinder, bewirtschaften die riesigen Felder und° bringen das Getreide von den Feldern zum Landhaus.

Die lateinische Übersetzung findest du auf Seite 27, die deutsche auf Seite 11.

Text 7  Stoff: L 1-18

Urlaubsgrüße zweier Mädchen

7 A

Wir sind auf dem schönen Landgut des Großvaters; wir sitzen an einer Quelle und spielen mit dem Wasser. Natürlich arbeiten wir auch mit einigen Freunden und mit den Kindern des Senators Titus in den Ställen[1]. Wir rufen die Pferde herbei und pflegen sie°.

Magna vasa portamus et equis aquam damus. Boves quidem timemus. Boves in agros ducere non possumus. Saepe vesperum desideramus; neque tenebras neque noctem timemus. Immo tum in silvis ludimus.

7 B

Ut nunc scitis, nos hic contentae sumus ... et vos? In Subura non modo clamorem et turbam mercatorum sustinere debetis, sed etiam varia negotia furum et multa pericula timere debetis. Cur Suburam et urbem non relinquitis? Venite ad nos in montes Albanos, amici! Vos exspectamus. Valete!

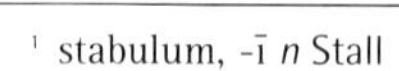

[1] stabulum, -ī *n* Stall

Die lateinische Übersetzung findest du auf Seite 28, die deutsche auf Seite 12.

Meine Kindheit auf dem Bauernhof

Vater Quintus erinnert sich an seine Kindheit.

8 A

„Multos annos vitam contentam in villa rustica patris mei, avi vestri agebam. Saepe aedificia pulchra spectabam, quae avus vester possidebat. Tum etiam multi servi in agris vastis laborabant. Dominum, avum vestrum, qui saepe duras condiciones laboris iubebat, timebant. Magna voce clamabat: 'Ego servos, qui verbis meis et consiliis meis resistere volunt et qui iterum atque iterum villam rusticam relinquere volunt, vendere volo.'

8 B

Die Aufgaben der Sklaven waren vielfältig. Die einen bereiteten der Familie und den Gästen Mahlzeiten vor, die anderen pflegten die Tiere und führten die Ochsen auf die Felder hinaus. Nicht selten spielte ich mit den Kindern, denen ich auf den Wegen und im Wald begegnete. Vor allem (dem) Decimus, dem Sohn eines tüchtigen Gehilfen, dessen Familie ein armes und sparsames Leben führte, versprach ich oft meine Hilfe, weil er zusammen° mit dem Vater die Lasten der Kriege ertragen musste."

Die lateinische Übersetzung findest du auf Seite 29, die deutsche auf Seite 13.

Eine Kleinstadt fürchtet den Angriff der Römer

9 A

Nuntius accedit et de periculo narrat: „Nonne de periculis et de magna calamitate audivistis? Milites Romani in nostra terra pulchra et sub caelo nostro bellum turpe gerunt, patriam nostram opprimunt; iam multa oppida et multos vicos incendio exstinxerunt et deleverunt. Homines tristes, qui ex aliis oppidis discesserunt, nunc ad oppidum nostrum veniunt et in oppido nostro salutem petunt (quaerunt). Romani iam locum opportunum extra oppidum petiverunt. Nunc paulum exspectant, tenebras exspectant; tum procedere volunt. Relinquite oppidum, effugite periculum et calamitatem!"

9 B

Einige aber rufen laut: „Wir haben die schlechte Nachricht gehört. Wir haben die Gefahr erkannt. Aber wir haben bis jetzt unsere Stadt immer geschützt und die Soldaten anderer Volksstämme abgehalten. Ihr alle seid tapfere Menschen. Deshalb rettet unsere Stadt, leistet den römischen Soldaten Widerstand, haltet die Römer von unserer Stadt ab!"

Die lateinische Übersetzung findest du auf Seite 30, die deutsche auf Seite 14.

Naturschönheit und Naturgewalt

10 A

Wir alle lieben unser schönes Land, das großartige Kampanien[1], die Berge, das Wasser und° den weiten Strand. Aber betrachtet diesen Berg, dessen Wesen bis jetzt niemand verstanden hat. Immer erschreckt er uns. Deshalb wollen wir unsere Stadt und unser Landgut verlassen und in der Stadt Rom ein zufriedenes Leben führen.

(*Sechs Monate später:*) Nunc unus ex amicis meis epistula brevi, cuius verba tristia me adhuc movent et sollicitant, de mala calamitate narravit. Eius verba semper memoria tenebo:

10 B

„Scis, amice, nubem[2] atram nos terruisse. Certe etiam audivisti cinerem et saxa omne oppidum texisse et delevisse. Constat magnum numerum hominum id periculum non recte existimare potuisse. Alii contendunt viros, feminas, liberos ad litus cucurrisse, alii existimant eos sub tectis variorum aedificiorum et in templis salutem petivisse. Certe ii omnes putaverunt se eo modo periculum vincere posse. Neque tamen vitam suam servaverunt. Calamitas vitam omnium exstinxit."

[1] Campānia, -ae *f* Kampanien (Landschaft in Mittelitalien)
[2] nūbēs, -is *f* Wolke

Die lateinische Übersetzung findest du auf Seite 31, die deutsche auf Seite 15.

Die Hilfsbereitschaft eines Naturwissenschaftlers

11 A

Wir wissen, dass (!) Asche und Steine nicht nur großartige Gebäude, Theater und° Thermen, sondern auch einige schöne Städte bedeckt und ausgelöscht haben. Wir haben auch gehört, dass (!) so viele vornehme Männer durch dieses Unglück gestorben sind.

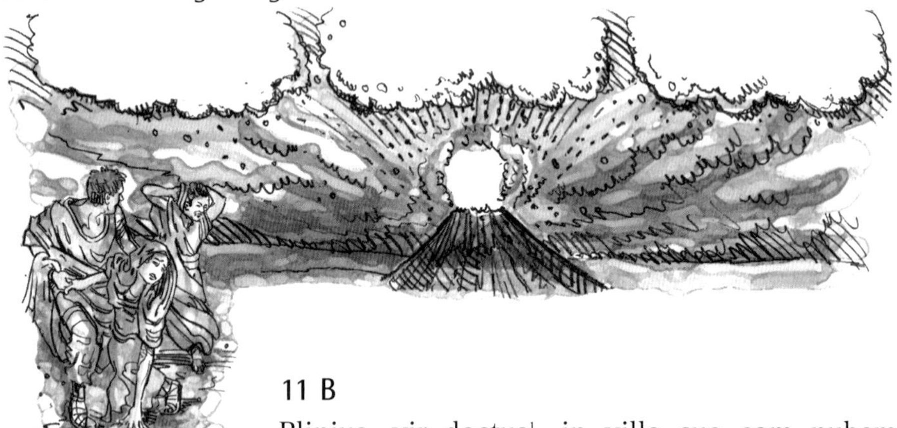

11 B

Plinius, vir doctus[1], in villa sua eam nubem[2] atram super montem Vesuvium aspexit. Unus e familia eius epistula praeclara narravit Plinium ea signa nova naturae, quae omnem terram mutant, primo e loco opportuno spectare voluisse.
Neque tamen is vir fortis dubitavit, sed statim nonnullos servos iussit navem parare et (eam) ad amicos regere. Nam eos homines miseros e periculo servare voluit. Constat Plinium periculum non effugisse.

[1] doctus, -a, -um gebildet
[2] nūbēs, -is *f* Wolke

Die lateinische Übersetzung findest du auf Seite 32, die deutsche auf Seite 16.

Ganz nahe am Geschehen

12 A

Quiescebam. Subito clamorem et voces tristes audivi. E cubiculo[1] ad atrium[2] properavi. Ibi servae, quarum timorem sensi et vidi, mihi occurrerunt. Itaque unam e servis interrogavi: „Quid est? Quid timetis? Cur clamatis? Cur fletis?" Ea me oravit: „Ades nobis, domine! Serva nos e periculo! Vesuvius mons nos opprimit."

12 B

Ich wusste (*Perf.*), dass (!) die Pompejaner[3] schon lange Zeit diese schwarze Wolke[4], die über dem Berg lag (war), betrachtet und gefürchtet hatten. Auch ich wollte (*Perf.*) sie vom Dach meines Landhauses aus betrachten, aber plötzlich fühlte (*Perf.*) ich, dass (!) das Gebäude schwankt[5]. Ich sah (*Perf.*), dass (!) Asche und Steine schon das Atrium[2] bedecken. Die Nacht war schwarz.

Magna voce servas, quae auxilium petebant, monui: „Relinquite villam, servae!" Tum cum servis portam villae petivi. Ubique[6] magna et parva saxa iacebant. Denique autem ad portam villae pervenimus.

---

[1] cubiculum, -ī *n* Schlafzimmer
[2] ātrium, -ī *n* Atrium
[3] Pompēiānī, -ōrum *m* die Pompejaner, die Einwohner von Pompeji
[4] nūbēs, -is *n* Wolke
[5] nūtāre schwanken
[6] ubīque *Adv.* überall

Die lateinische Übersetzung findest du auf Seite 33, die deutsche auf Seite 17.

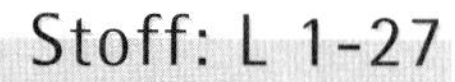

12 C

Etiam in viis oppidi nova pericula esse scivimus. Multi homines, feminae et senes, pueri puellaeque, in viis huc et illuc currebant. Hic senex in via iacebat, ibi puer patrem quaerebat. Tum nonnullos viros tabernas intrare vidi. Constat eos fures fuisse, qui ornamenta rapere cupiebant (volebant); nam domini tabernarum iam diu aberant.

12 D

Ich habe wieder geschrien: „Kommt mit mir, Sklavinnen! Wir versuchen aus der Stadt wegzugehen." Während ich sie durch die Gassen und Wege führte, rannten (*Perf.*) viele Menschen mit uns zu den Toren der Stadt. Denn wir glaubten (*Perf.*), dass (!) wir auf den Feldern den Gefahren entkommen können.

Die lateinische Übersetzung findest du auf Seite 34, die deutsche auf Seite 18.

Text 13  Stoff: L 1-35

Ein Mädchen beeindruckt den König

13 A

Titus Livius lobt nicht nur die Tapferkeit der jungen Männer, sondern auch die° der jungen Mädchen. Im ersten Teil seiner Geschichtsschreibung[1] erzählt er, dass der überhebliche und grausame König Tarquinius den Angriffen (*Akk.*) der römischen Bevölkerung (des römischen Volkes) entkommen wollte (*Perf.*). Auch Porsenna, der König der Etrusker[2], strengte sich an (*Perf.*) Tarquinius zu helfen. Deshalb zögerte (*Perf.*) er nicht, seine Streitkräfte an die Mauern der Stadt Rom zu führen und die Stadt mit seinen° Soldaten zu bedrohen.

13 B

Romani autem hostes ab urbe prohibere temptabant. Iterum atque iterum iuvenes fortes gloriam urbis Romae virtute sua augebant. Denique Porsenna intellexit se urbem vincere non posse. Itaque nuntios Romam misit. Qui ad moenia accesserunt et dixerunt:
„Etrusci[2] vobis pacem dabunt, si obsides[3] dederitis. Nisi magnum numerum virginum nobilium miseritis, milites nostri vos fame[4] vincent. Non diu onera belli sustinebitis. Nam moenia urbis superabimus et urbem delebimus."

---

[1] historia, -ae *f* Geschichtsschreibung
[2] Etruscī, -ōrum *m* die Etrusker
[3] obses, obsides *m* Geisel
[4] famēs, famis *f* Hunger

Die lateinische Übersetzung findest du auf Seite 35, die deutsche auf Seite 19.

13 C

Romani non diu dubitaverunt: Multas virgines nobiles ad vires hostium miserunt. Inter quas (eas) erat Cloelia. Quae virgo ceteras virtute et animo nobili superabat. Cloelia statim intellexit Etruscos[2] se[5] et alias virgines ad ripas Tiberis[6] retinere. Itaque nonnullas virgines et amicas media nocte ad Tiberim[6] duxit. Quia custodes Etruscorum[2] consilium earum mox intellexerunt, Cloelia cum nonnullis virginibus statim Tiberim transnatare[7] temptavit.

13 D

Obwohl die Feinde diese Mädchen mit verschiedenen Waffen und Geschossen zu hindern versuchten, kamen (*Perf.*) alle an die Mauern der Stadt heran°. Es steht fest, dass die Römer froh waren. Diese Sache erregte (*Perf.*) den Verstand (die Gesinnung) des Porsenna. Sofort schickte (*Perf.*) er Boten zur Stadt, die den Römern (*Akk.*) befahlen (*Perf.*), Cloelia auszuliefern[8]. Und tatsächlich lieferten (*Perf.*) die Römer dennoch das tüchtige und adelige Mädchen dem Porsenna aus[8], obwohl sie es mit großen Worten gelobt hatten. Der König aber, den die Tapferkeit sowohl der Cloelia als auch des römischen Volkes beeindruckte (bewegte, *Perf.*), beschenkte (*Perf.*) dieses Mädchen mit Schmuck und ließ es wieder° frei (*Perf.*).

---

[5] sē *Akk.* sie
[6] ad Tiberim an den Tiber
[7] trānsnatāre durchschwimmen
[8] dēdere, dēdō, dēdīdī ausliefern

Die lateinische Übersetzung findest du auf Seite 36, die deutsche auf Seite 20.

Text 14  Stoff: L 1-27

Eine Naturkatastrophe und ihre Folgen

A Lateinisch-deutsche Übersetzung

Hodie scimus Vesuvium montem et alios montes similes homines magnis periculis iterum atque iterum opprimere. Quia tum homines ea pericula ignorabant, multa oppida in eis regionibus aedificabant.
Subito autem magna calamitas villas pulchras cinere saxisque texit et homines miseros exstinxit. Cur autem Plinius in magno periculo fuit? Primo nubem[1] atram e loco opportuno spectare studuit; deinde navem parare iussit, quia familiares auxilium petebant.

B Sprachbeherrschung

1. Deutsch-lateinische Übersetzung

Einige sagen, dass Plinius ein tapferer und fröhlicher Mann gewesen ist. Aber alle wissen, dass das Unglück nicht nur schöne Städte ausgelöscht hat, sondern auch diesen berühmten Mann getötet hat.

2. Setze die folgenden Formen ins Perfekt. Nenne jeweils die Art der Perfektbildung:

a) habemus ____________________

b) audiunt ____________________

c) sentis ____________________

d) iubeo ____________________

e) tangimus ____________________

---

[1] nūbēs, -is *f* Wolke

f) reperiunt ________________________________

g) video ________________________________

h) quaeritis ________________________________

3. Mache die folgenden Sätze als AcI von den eingeklammerten Ausdrücken abhängig:

a) (Pomponianus dixit) Plinius in litore de vita decessit.

____

____

b) (Constat) Nonnulli homines litus petiverunt.

____

____

4. Passe die eingeklammerten Adjektive an das jeweilige Substantive an:

a) verbis (turpis) ________________________________

b) (omnes) vina ________________________________

c) oppidorum (nobilis) ________________________________

d) ad oppida (nobilis) ________________________________

e) cum viro (tristis) ________________________________

C Sprache und Kultur

1.

a) Plinius der Ältere war Kommandant einer Flotte und Wissenschaftler. Womit hat er sich wissenschaftlich beschäftigt?

____

b) In welchem Jahr fand das im Übersetzungstext geschilderte Ereignis statt? ______________________________

c) Nenne zwei Orte, die bei dieser Naturkatastrophe verschüttet wurden:

____

2.

a) Nenne vier lateinische Wörter aus dem Sachfeld „Natur":

______________________ ______________________

______________________ ______________________

b) Nenne vier lateinische Verben der „Bewegung":

______________________ ______________________

______________________ ______________________

3. Gib zu den folgenden Fremdwörtern die lateinischen Wörter an, von denen diese abgeleitet sind:

a) ignorieren ______________________

b) Vokal ______________________

c) familiär ______________________

d) trist ______________________

e) Labor ______________________

f) Kondition ______________________

Die Lösungen findest du auf Seite 59f.

Die neue Hauptstadt der Welt

A Lateinisch-deutsche Übersetzung

Dum Troiani quiescunt, Graeci a litore ad urbem Troiam accedebant. Quamquam Graeci clamorem non faciebant, tamen milites Troiani voces novas audiverunt. Qui statim Aeneae, filio Anchisis, nuntiaverunt nonnullos Graecos ex equo descendisse et sociis portas urbis aperuisse. Quia periculum magnum erat, Aeneas cum familia sua et cum nonnullis comitibus ex urbe, quam Graeci incendio delere temptabant, cucurrit.

Postquam Aeneas simulacro patris sui occurrit, eius verba audivit: „Tibi futura familiae tuae ostendam. Posteri gloriam nominis tui augebunt et urbem Romam condent. Quae urbs caput orbis terrarum erit."

B Sprachbeherrschung

1. Deutsch-lateinische Übersetzung:

Die Römer werden über viele Völker herrschen und diese an Ruhm übertreffen.

---

2. Setze die folgenden Substantive in die entsprechende Form des Singulars bzw. Plurals:

a) urbis b) reges c) uxori

________ ________ ________

d) caput ____ e) equis ____ f) montium ____

3. Ergänze das folgende Schema:

Perfekt	Präsens	Futur
rapuit	____	____
____	____	divident
____	manes	____
aperuisti	____	____
____	aedificant	____
existimavimus	____	____
____	____	tanget

C Sprache und Kultur

1.

a) Nenne Autor und Titel eines griechischen und eines römischen Epos, das sich mit dem Trojanischen Krieg beschäftigt.

____

b) Welche Bedeutung hat Äneas für die Römer?

___

c) Was ist ein Obolus?

___

d) Wer ist Zerberus?

___

e) Wie heißt in der Unterwelt das Gegenteil zu Elysium?

___

2. Nenne zu folgenden englischen Vokabeln die lateinische Wurzel:

a) peace b) glory c) art

___ ___ ___

Die Lösungen findest du auf Seite 63 f.

Eine Naturkatastrophe und ihre Folgen

A Lateinisch-deutsche Übersetzung

Heute wissen wir, dass der Vesuv und andere ähnliche Berge die Menschen mit großen Gefahren immer wieder bedrohen. Weil damals die Menschen diese Gefahren nicht kannten, erbauten sie in diesen Gegenden viele Städte. Plötzlich aber bedeckte ein großes Unglück die schönen Landhäuser mit Asche und Steinen und vernichtete die armen Menschen. Warum aber war Plinius in großer Gefahr? Zunächst bemühte er sich die dunkle Wolke von einem günstigen Ort aus zu betrachten; hierauf ließ er ein Schiff vorbereiten (startklar machen), weil Freunde Hilfe verlangten (erbaten).

B Sprachbeherrschung

1. Deutsch-lateinische Übersetzung

Nonnulli dicunt Plinium virum fortem et laetum fuisse. Sed omnes sciunt calamitatem non solum oppida pulchra exstinxisse, sed etiam eum virum nobilem necavisse.

2.

a) habemus: habuimus (u-Perfekt)
b) audiunt: audiverunt (v-Perfekt)
c) sentis: sensisti (s-Perfekt)
d) iubeo: iussi (s-Perfekt)
e) tangimus: tetigimus (Reduplikationsperfekt)
f) reperiunt: reppererunt (Reduplikationsperfekt)
g) video: vidi (Dehnungsperfekt)
h) quaeritis: quaesivistis (v-Perfekt)

3.

a) Pomponianus dixit Plinium in litore de vita decessisse.

b) Constat nonnullos homines litus petivisse.

4.

a) verbis turpibus – b) omnia vina – c) oppidorum nobilium – d) ad oppida nobilia – e) cum viro tristi

C Sprache und Kultur

1.

a) Von Plinius dem Älteren sind uns 37 Bände „Naturkunde" erhalten, die u.a. das gesamte Wissen der damaligen Zeit über Erdkunde, Menschenkunde, Tiere, Pflanzen, Gesteinsarten und Naturerscheinungen enthalten.

b) 79 n.Chr.

c) Pompeji, Herkulaneum, (Stabiä)

2.

a) terra, saxum, caelum, sol, mons, arbor, aqua, arena, litus

b) properare, descendere, accedere, decedere, discedere, intrare

3.

a) ignorare – b) vocare – c) familiaris – d) tristis – e) laborare – f) condicio

Die neue Hauptstadt der Welt

A Lateinisch-deutsche Übersetzung

Während die Trojaner schliefen, kamen die Griechen von der Küste zur Stadt Troja (herbei). Obwohl die Griechen keinen Lärm machten, hörten die trojanischen Soldaten dennoch ungewöhnliche Rufe. Diese meldeten sofort dem Äneas, dem Sohn des Anchises, dass einige Griechen aus dem Pferd herabgestiegen sind und den Verbündeten die Tore der Stadt geöffnet haben. Weil die Gefahr groß war, rannte Äneas mit seiner Familie und einigen Begleitern aus der Stadt, welche die Griechen durch Brand zu zerstören versuchten.
Nachdem Aeneas dem Schatten seines Vaters begegnet war, hörte er dessen Worte: „Ich werde dir die Zukunft deiner Familie zeigen. Die Nachkommen werden den Ruhm deines Namens vergrößern und die Stadt Rom gründen. Diese Stadt wird die Hauptstadt der Welt sein."

B Sprachbeherrschung

1. Deutsch-lateinische Übersetzung

Romani multis populis (nationibus) imperabunt et eos (eas) gloria vincent/superabunt.

2.

a) urbium – b) rex / regem – c) uxoribus –
d) capita – e) equo – f) montis

3.

Perfekt	Präsens	Futur
rapuit	**rapit**	**rapiet**
diviserunt	**dividunt**	divident
mansisti	manes	**manebis**
aperuisti	**aperis**	**aperies**
aedificaverunt	aedificant	**aedificabunt**
existimavimus	**existimamus**	**existimabimus**
tetigit	**tangit**	tanget

C Sprache und Kultur

1.

a) Homer, Ilias und Odyssee; Vergil, Aeneis

b) Äneas gilt als der Stammvater der Römer; sein Sohn Anchises gründete die Stadt Alba Longa.

c) Für die Überfahrt über den Styx, den Fluss der Unterwelt, verlangte der Fährmann Charon eine Münze, den Obolus.

d) Den Eingang zum Totenreich bewachte der Höllenhund Zerberus.

e) Im Tartarus verbüßten Verbrecher schwere Strafen.

2.

a) pax b) gloria c) ars

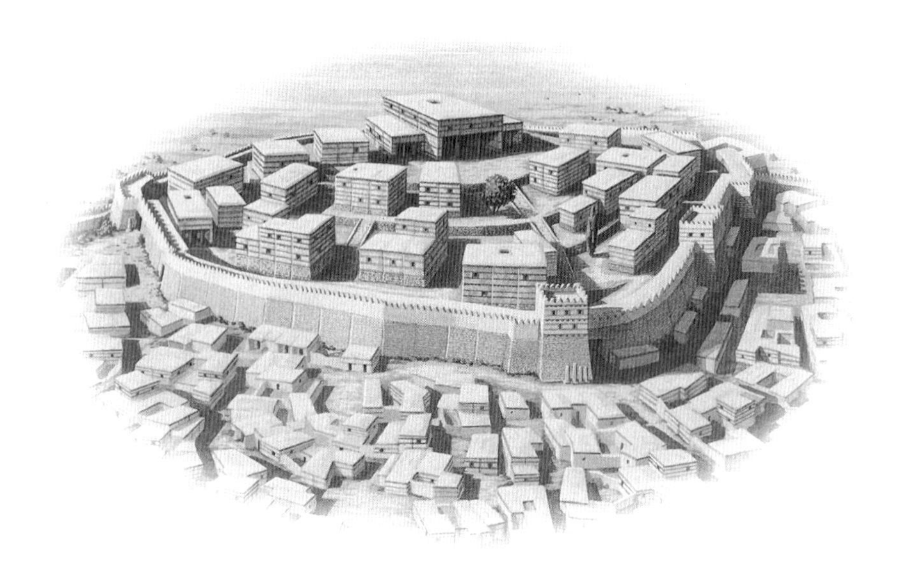